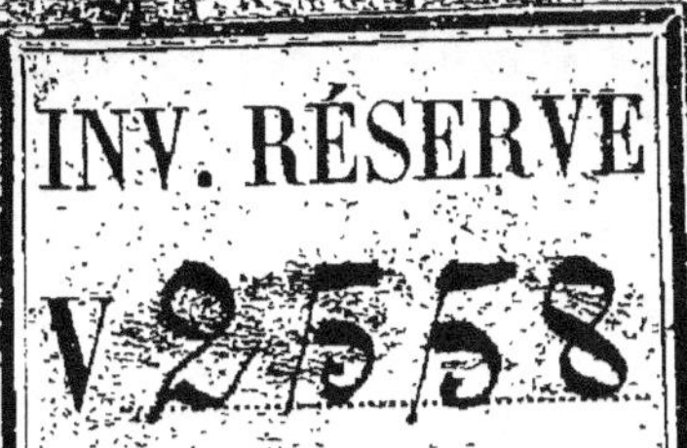

LETTRE DE Mr LE GALLOIS A MADEMOISELLE REGNAVLT DE SOLIER touchant la Musique.

A PARIS,
Chez ESTIENNE MICHALLET, ruë S. Iacques, à l'Enseigne S. Paul, proche la Fontaine S. Severin.
ET
En la boutique de G. QVINET, au Palais, en la Gallerie des Prisonniers, à l'Ange Gabriel.

M. DC. LXXX.

Avec Permission.

LETTRE DE MONSIEUR LE GALLOIS, A MADEMOISELLE REGNAULT DE SOLIER.

MADEMOISELLE,

Je ne ſçay ce que vous direz de la liberté que j'ay priſe de vous adreſſer ce petit Ouvrage.

Je l'ay fait sur la foy d'une personne qui a l'honneur de vous voir souvent, & qui m'a flatté de l'esperance que vous me pardonneriez cette hardiesse. Je ne doute pas que vôtre modestie ne vous parle contre moy : mais vous considererez, s'il vous plaît, que ce traitté ne contient autre chose que des reflexions que j'ay faites sur le dernier entretien que nous avons eu ensemble touchant la musique. Et parce que je sçay par experience que vous estes tres-capable d'en juger, j'ay crû que je devois vous le presenter preferablement à tout autre ; non seulement afin qu'il reçoive plus d'honneur, en parroissant sous vostre nom ; mais aussi afin que je tire de vos avis le profit qu'un honnête-homme reçoit ordinairement de la verité ; c'est à dire afin que je me corrige où j'ay manqué, & que je me confirme dans les choses où j'ay reüssi.

Vous vous souvenez bien, Mademoiselle, qu'un Cavalier, qui étoit de nôtre conversation, excité sans doute par la douce melodie d'un Lut, qu'on venoit de toucher admirablement bien, s'avisa de demander pourquoy les hommes prenoient un si grand plaisir à la musique ; & pourquoy cet art ayant ses regles certaines & determinées comme les autres arts, les esprits neanmoins ont sur cela des gousts si divers qu'il y a presque autant de differentes musiques que de Musiciens. Vous sçavez que ces deux questions firent la matiere de toute nôtre conversation; que chacun en dit ce qu'il sçavoit, & quelquefois même ce qu'il ne sçavoit pas (car ce n'est pas d'aujourdhuy que l'on raisonne de ce qu'on n'entend point) vous sçaurez aussi que j'en dis mon sentiment comme les autres. Mais parce qu'a mon retour chez moy cette matiere me sembla trop belle & trop curieuse pour estre content de ce que j'en avois dit, je resolus de la taitter plus amplement, & d'en exposer l'ouvrage à vôtre censure.

Mais avant que d'entrer dans la resolution de ces deux questions, il faut considerer, Mademoiselle, que la musique se prend en deux manieres; ou cõme un composé de nombres & de mesures, dont le mélange & les proportions forment des accords, à qui on a donné le nom d'harmonie; ou comme un ſon de voix & d'inſtrumens qui par la diverſité de leurs tons proportionnez les uns avec les autres engendrent cette harmonie. La premiere de ces choſes doit eſtre conſiderée comme l'ame ou la forme de la muſique, qui n'appartient qu'à l'eſprit, dont elle eſt l'ouvrage; & la ſeconde en eſt le corps ou la matiere; parce que ce n'eſt qu'une ſimple émotion de l'air, qui ne fait rien en nous qu'ébranler l'organe de l'oüie, ce qui produit l'impreſſion du ſon.

Cela ſuppoſé comme le fondement de ce diſcours, il faut maintenant chercher dans ces deux choſes des raiſons qui nous faſſent connoître ce que nous cherchons, ou du moins qui nous en donnent quelques legeres idées. Il est certain que les choses qui se ressemblent aiment à s'unir, & se plaisent merveilleusement dans leur union ; comme au contraire celles dont les natures sont differentes s'entrehaïssent & s'entrefuïent, & c'est d'où viennent tant de sympathies & d'antipathies que nous voyons dans le monde, & dont les Physiciens sont si empéchez à trouver les causes. Or il est vray-semblable que c'est pour cette raison que l'esprit de l'homme est si touché de la musique. Car puis qu'elle est composée de nombres & de mesures, qui suivant certaines proportions, qu'on appelle les regles de l'art, forment des accords d'où l'harmonie resulte, il ne faut pas s'étonner de ce que l'homme a tant de passion pour elle, puisque selon Platon & les Pythagoriciens, son ame n'est qu'une harmonie qui vient de la proportion de plusieurs nombres.

Il n'est pas necessaire de rapporter icy les raisons dont ces Philosophes se servent pour prouver que la nature de l'ame conciste dans les nombres & les proportions. Il suffit de dire que l'esprit humain ne peut comme il fait extraordinairement aimer la musique que parce qu'ils ont beaucoup de rapport ensemble; suivant ce celebre axiome qui dit que nous ne pouvons aimer que ce qui nous convient. Mais comme rien ne peut nous convenir s'il n'est conforme à nôtre nature, il s'en ensuit visiblement que puis que nous avons une inclination extraordinaire pour la musique, il faut de necessité qu'elle nous convienne beaucoup; comme elle ne peut nous convenir que parce qu'elle ressemble au principe qui nous anime. Ainsi nous pouvons dire sans inconvenient que parce que l'ame est un cõposé de proportions & d'accords, qui produisent cette admirable diversité de puissances, d'où les operations vitales procedent, il nous est comme impossible de ne pas aimer la musique, qui nous represente avec tant de plaisir ces mêmes accords & ces mêmes proportions, en qui la nature de nôtre ame consiste.

Et de fait soit qu'on la considere comme une substance qui

penſe, ainſi que Deſcartes l'a voulu ; ſoit qu'elle ſoit compoſée d'une matiere fort ſubtile, qui ait des determinations particulieres que nous ne connoiſſons pas, comme quelques-uns ſe l'imaginent ; ſoit qu'on la prenne ſeulemẽt pour une ſubſtance immaterielle & immortelle, comme les ſcholaſtiques la definiſſent, (ce qui ne dit rien neanmoins pour nous la faire connoître, puisque ce ne ſont là que des attributs negatifs, qui n'établiſſent point d'eſſence particuliere) de quelque façon dis-je qu'on la prenne, il eſt certain qu'elle ne peut agir ny ſe faire connoître que par le moyen des nombres & des proportions. La raiſon de cela eſt qu'encore que ce fût une ſubſtance immaterielle, dont la nature feroit de penfer, elle auroit toûjours befoin en quelque façon du mouvement des efprits corporels pour former la plufpart de fes idées, & faire fes fonctions, felon l'aveu même des Cartefiens; Mais parce que ces mouvemens ne fe peuvent faire fans les nombres & les mefures, qui en doivent eftres les regles, il s'enfuit de là que l'ame en dépend, du moins pour agir, & par confequent pour fe faire connoître, puis que nous ne pouvons la connoître que par fes operations. Que fi cela eft vray de l'ame eftant confiderée comme immaterielle, il le doit eftre bien davantage fi comme les Epicuriens vouloient, & même comme quelques Peres de l'Eglife l'ont crû, elle eft compoſée d'une matiere fort ſubtile; d'où il eſt evident que le nombre, la meſure, & les proportions qui composent l'harmonie, compoſent auſſi les facultez & les fonctions de l'ame. Or comme il eſt certain que ce qui fait agir & connoître une choſe en doit conſtituer la nature, il s'enſuit neceſſairement de là que puis que nous ne pouvons connoître l'action d'une choſe animée que par le moyen des nombres & des meſures, la muſique qui reſulte de ces nombres & de ces meſures doit eſtre neceſſairement de l'eſſence de ce qui anime cette choſe.

On me dira peut-être que le nombre & la proportion ne doivent eſtre conſiderez icy que comme de ſimples conditions requiſes, & non pas comme principes ; parce que ce ne ſont, dit-on, que des convenances & des rappors qui n'exiſtent que dans nôtre eſprit, lors qu'il compare les choſes les unes avec les autres. Mais je m'étonne de ce que ceux qui font cette objection ne prennent pas garde que les corps agiſſent independemment de nôtre eſprit ; & que la difference qui ſe rencontre dans leurs actions vient des diverſes façons d'eſtre de ces corps, & non pas des idées de convenance & de comparaiſon que nous en concevons, & que nous ne concevons que parce qu'effectivement les choſes ſont telles qu'elles nous paroiſſent. Ainſi puis que ces diverſes façons d'eſtre tirent en effet leur ſource de la difference des nombres & des proportions, qui concourent à la compoſition des choſes, il faut croire que les nombres & les proportions ſont quelque choſe de reel & de poſitif qui conſtituë la nature de chaque être. D'ailleurs quand ceux qui font cette objection nous auront donné une idée claire & nette du principe actif qui anime toutes choſes; je veux dire quand ils nous auront fait voir ce qui determine la matiere à une quantité infinie d'actions ſi juſtes & ſi regulieres, nous n'aurons plus recours alors aux nombres ny aux proportions; & nous leur avouërons, s'ils veulent, que c'eſt ou la forme ſubſtantielle de l'école, ou l'archée des Chymiſtes, ou l'eſprit univerſel &

l'être dianoëtique d'Averroës, qui est cause de toutes les actions differentes des estres. Mais jusques à ce que l'on nous ait fait connoître que cette forme universelle existe (autre que Dieu, cela s'entend, qui comme dit l'Ecriture Sainte a tout fait avec ces nombres & ces mesures, qu'à cause de cela nous pretendons estre les seules formes substantielles du monde) jusques à ce que, dis-je, on nous ait prouvé que cet esprit existe, & montré qu'elle est sa nature, nous nous en tiendrons toûjours à nos nombres & à nos mesures ; & ne chercherons point d'autre principe actif que la proportion & l'harmonie qui en resulte.

Pythagore étoit si persuadé de cette verité qu'il n'a pas fait difficulté d'avancer que Dieu luy même & toute la nature n'étoient autre chose qu'une harmonie parfaite : & tous les Philosophes de l'antiquité ne se sont aussi jamais servy d'autre mot que de celuy d'harmonie, pour signifier tout ce qu'il y a de parfait dans le monde. Il ne faut donc point, cela estant, chercher d'autre cause de l'inclination que nous avons pour la musique, & du plaisir que nous en recevons. C'est parce que nôtre ame est elle-même une harmonie, dont les accords sont excitez & reveillez par ceux de la musique ; ce qui a obligé quelques Philosophes de dire que ce bel Art estoit une espece de miroir où nôtre esprit reconnoissoit sa nature avec toute ses proprietez. Et de fait il est tres-probable que comme rien ne peut toucher un corps qu'un corps même, rien aussi ne peut toucher l'ame s'il ne luy ressemble, c'est à dire s'il n'est de même nature qu'elle ; & ainsi par ce que nous sçavons par experience qu'elle est extraordinairement touchée de la musique, il faut croire avec Platon que l'une & l'autre sont de même nature, estant toutes deux également composées d'accords & de proportions.

Je sçais bien qu'on peut encore m'objecter que si la proportion & l'harmonie, qui resulte des nombres & des mesures, causoit dans l'homme une si forte passion pour la musique, il s'ensuivroit de là qu'il ne devroit pas moins aimer la peinture ; puiſque ce bel Art a ſes meſures & ſes proportions auſſi bien que la muſique ; & neanmoins nous voyons beaucoup plus de perſonnes touchées de celle-cy que de l'autre : d'où l'on conclud qu'il faut de neceſſité qu'il y en ait une autre raiſon que celle des nombres & des proportions.

Cette conſequence a quelque apparence de verité ; Mais parce qu'elle nous fait entrer dans la ſeconde conſideration, dont j'ay dit au commencement qu'on pouvoit tirer des preuves pour démontrer la ſource de cette paſſion generale que les hommes ont pour la muſique il nous ſera plus aiſé d'y ſatisfaire, à cauſe du grand nombre de preuves ſur leſquelles cette conſideration eſt appuyée.

Il est certain que quelques beautez qu'ait la peinture, elle n'a pas tant de pouvoir sur nôtre ame que la musique, & c'est ce qu'Aristote a reconnu dans ses Problêmes, où il dit que ny les couleurs, ny les saveurs, ny les odeurs ne sont pas capables de faire autant d'impression sur nous que les sons d'une musique agreable. Cette consideration a fait croire à quelques-uns que le sens de l'oüie étoit privilegié; & qu'il avoit autant davantage par dessus les autres que la raison est élevée au dessus des sens. Il est vray que quand on examine de prés la nature & les fonctions de l'oüie, on y trouve quelque chose de particulier qui ne se remarque point dans les autres sens: Et l'on peut dire en quelque façon que c'est comme une issuë particuliere que l'ame s'est faite, & par où elle sort, pour mieux s'unir aux objets, & les connoître davantage qu'elle ne fait par les autres sensations. C'est pourquoy l'on a appellé ce sens l'organe particulier de l'entendement, & la principale porte des sciences.

Quoy qu'il en soit la musique est une preuve manifeste de l'avantage qu'il a par dessus les autres sens. Car nous voyons par experience qu'elle fait plus d'impression sur l'ame que les autres objets ny en font par leurs organes ; Et de fait l'impression que la melodie fait sur elle est quelquefois si forte qu'elle l'enleve hors de son assiette, & la transporte pour ainſi parler juſques dans le Paradis ; dont les plaiſirs ne nous ſont auſſi ordinairement repreſentez qu'avec des concerts compoſez de toutes ſortes d'inſtrumens : Et c'eſt peut-être ce qui a fait dire à quelques Auteurs que la muſique étoit un avantgoût & comme un échantillon des voluptez celeſtes. Il faut avoüer, cela eſtant, qu'on a eu raiſon de direque l'ame ne ſe manifeſte point tant par les autres ſenſations que par celle de l'oüie, où il ſemble qu'elle agit toute ſeule, & ſans la participation du corps.

Cette verité eſt ſi clairement demontrée par les effets admirables que la muſique produit ſur les hommes qu'il faudroit eſtre un peu groſſier pour ne pas la reconnoître. Car ſoit que cela vienne, comme nous avons dit, de la raison des nombres & des proportions ; soit qu'il arrive parce que l'organe de l'oüie tient moins de la matiere que les autres sens, & qu'en consequence de cela l'impression qui se fait par son moyen soit plus vive & plus pure; soit que tous deux y contribuënt ensemble, comme il y a beaucoup d'apparence, il faut demeurer d'accord que rien ne nous touche & ne nous plaît tant que la musique.

Nous voyons aussi que c'est par son seul moyen que l'éloquence se rend maistresse de nos esprits ; parce qu'elle emprunte pour cela ses plus grandes beautez de la musique: Car comme disoit tres-bien le plus éloquent homme de la

Grece, la force de l'éloquence consiste presque toute dans les differens tons qu'on sçait prudemment donner à sa voix, & dans les divers gestes qu'on fait pour persuader. Ce sont là, disoit ce grand-Homme, les aiguillons les plus puissans & les plus capables d'émouvoir les ames, & les emporter dans les sentimens de l'Orateur. Or il est visible que ces differens tons de voix, & ces divers gestes sont du ressort de la musique, de qui l'art du bien dire les emprunte. Et cela est si vray qu'on voit tous les jours par experience que ceux qui ne debitent que des choses communes, mais qui les debitent avec un beau ton de voix & des gestes bien reglez persuadent plus neanmoins que ceux qui disent les meilleurs choſes du monde, mais qui les debitent mal : ce qui ne peut venir que du pouvoir qu'a ſur nous la muſique, à qui ces tons de voix & ces geſtes reglez appartiennent. Nous liſons auſſi que Cajus Gracchus, un des plus eloquens Romains qui ait eſté dans le temps de la Republique, avoit toûjours derriere luy un excellent joüeur de flûte toutes les fois qu'il haranguoit ; afin que par les divers tons de ſon chant, il moderât ſa voix & ſon geſte, lors qu'il ne les conduiſoit pas avec le nombre & la meſure qui ſont neceſſaires pour bien declamer. C'eſt pour cela pareillement que les habiles declamateurs évitent avec ſoin tout ce qui peut choquer l'oreille dans la prononciation, de peur que l'ame rebutée par la rudesse de ces sons ne rejette leurs pensées & leurs sentimens.

Mais il n'y a rien ce me semble qui puisse mieux faire connoître l'analogie de l'ame avec la musique que le pouvoir extraordinaire qu'elle a sur nos passions. En effet l'experience nous enseigne que quand l'ame est accablée de melancolie, & comme étouffée sous le poids des fumées noires & épaisses, d'une lie renfermée dans la ratte, que S. Hierome à cause de cela appelloit fort proprement le bain du Demon, parce que quand cette humeur est irritée elle n'excite que des sentimens de fureur & de desespoir, on à recours alors à la melodie comme à l'unique remede qui soit capable

capable d'en guerir l'ame, & la remettre dans un estat plus tranquille: & c'est dequoy nous avons un exemple memorable en la personne de Saül, dont la noire & profonde melancholie étoit insensiblement dissipée par les doux accords de la harpe du Prophete David.

Tout le monde sçait aussi que c'est par le seul moyen de la musique qu'on inspire du courage aux plus lâches, en se servant pour cela de certains sons, qui estant formez sur quelque instrument que ce soit, ne manquent guere de produire la hardiesse dans l'ame des plus timides, & d'enflammer le courage des plus braves ; ce que Plutarque confirme par l'exemple d'Alexandre le Grand, qui selon le rapport de cet Auteur, fut tellement excité par le son martial de la fluste de Timotée, que quoy qu'il dînat, lors qu'il l'entendoit jouer, il se leva neanmoins, & mit l'épée à la main pour se battre, comme si effectivement il eût eu des ennemis devant soy, tant il étoit transporté par le son de cet instrument. Nous lisons encore que les Lacedemoniens avoient des fluteurs pour exciter leurs soldats au combat par des tons propres à cela. Toutes les Nations ont eu pour cet effet des instrumens particuliers comme la trompette, le cornet, la tymbale, le clairon, la fluste, le flageolet, & même la harpe, si nous en croyons quelques Auteurs, qui disent que les Candiots s'en servoient pour animer leurs soldats : Et nous avons encore aujourd'huy pour cela le hautbois, le fifre, la tymbale, la trompette, & le tambour.

Les sons lugubres & languissans engendrent de la tristesse & de la crainte. Les sons tendres & doux donnent de l'amour. Les sons guais inspirent de la joye. Il y en a même qui moderent les passions. Et ce fut de ceux-là sans doute dont Pythagore se servit pour d'étourner un jeune homme d'une méchante action qu'il vouloit commettre. En un mot il n'y a point de mouvemens que la musique ne puisse produire dans l'ame. Et c'est aussi pourquoy ce même Philosophe vouloit que ses Disciples apprissent ce bel Art, & joüassent de la Viole ; afin que par ce moyen ils s'inspirassent de nobles sentimens, & se portassent aux exercices de la vertu.

Les SS. Peres l'ont aussi considerée comme un moyen trespropre à donner & à entretenir la pieté. Ce qui a aussi porté l'Eglise a permettre que dans les Festes solemneles on celebrât l'Office divin en musique, afin d'y redoubler la devotion des Fideles. Et même elle y a introduit l'usage des Orgues & des autres instrumens, comme le moyen du monde le plus propre pour exciter par leurs sons melodieux le zele de ceux qui assistent aux ceremonies de la Religion.

Je ne doute point que ces nobles effets de la musique n'ayent porté Aristote à dire que de tous nos sens il n'y avoit que celuy de l'oüie qui servit à former nos mœurs ; Et il est croyable aussi que c'est ce qui a obligé S. Augustin d'avancer que l'aversion pour la musique étoit une marque de reprobation. A la verité tout ce qu'il y a eu de plus grands hommes, & de plus vertueux ont aimé la musique, & l'ont cultivée; comme un Chiron qui ne devoit la parfaite constitution de son esprit qu'aux doux accords de la harpe, si nous en croyons Philostrate ; un Orphée dont la ravissante melodie attiroit à soy jusques aux choses insensibles ; un Musée, un Linus, un Amphion qui par la force & l'energie de ses chansons donnoit du mouvement aux pierres ; un Arion qui sauva sa vie en charmant un Dauphin par le son melodieux de ſa Lyre ; un Socrate que Laërce & Sextus Empyricus rapportent avoir appris à chanter, & à joüer des inſtrumens. Un Epaminondas qui tout vaillant, tout ſçavant, & tout vertueux qu'il étoit, ſçavoit neanmoins tres-bien dancer & joüer de la fluſte, ſelon le rapport d'Emilius Probus, de Plutarque, & de pluſieurs autres Auteurs ; un Alexandre le Grand qui ſe piquoit même de bien chanter ; un Pythagore, un Platon ; un David qui ſe loüe luy-même d'eſtre un excellent chantre. Mais ce ſeroit trop entreprendre que de vouloir rapporter les noms de tous les grands hommes qui ont cultivé la muſique ; L'hiſtoire en eſt toute pleine. Ainſi il ſuffit de dire, pour en faire en quelque façon conjecturer la quantité, que les Philosophes & les Musiciens n'estoient autrefois qu'une seule & même chose. Et c'est pour cela que Quintilien a dit que la musique estoit la plus ancienne de toutes les sciences.

Il est vray qu'il n'y en a point qui soit si naturelle à l'homme; puisque tous les hommes generalement en sont touchez, jusques aux enfans mêmes, qui sont charmez par les chansons de leurs nourrices; ce qu'Aristote rapporte aux mesures & aux proportions que ces chansons contiennent; parce que, dit-il, la nature aime l'ordre & l'harmonie par dessus toutes choses: C'est pourquoy Platon & Chrysippe vouloient que les nourrices apprissent certaines chansons plûtost que d'autres; à cause que leurs tons & leurs accords étoient plus capables de réjoüir & d'animer leurs enfans. Enfin la musique est si relevée, & le plaisir qu'elle donne est si grand & si spirituel, que quelques-uns n'ont point fait difficulté de dire qu'elle appartient aux Anges plûtost qu'aux hommes; & c'est peut-être ce qui fait que nôtre ame en est si touchée, à cause de sa ressemblance avec la nature Angelique.

Je sçay bien qu'on peut m'objecter que tous les hommes n'aiment pas la musique, & qu'il s'en trouve à qui non seulement elle est indifferente, mais aussi qui ont de l'aversion pour elle. Je sçay que pour confirmer cette objection on ne manque pas d'alleguer l'exemple de ceux qui prefere le son des Tymbales & des Tambours à celuy des Luts & des Clavessins; & qu'on dit qu'il s'est trouvé autrefois un Prince Scyte, à qui le hannissement de son cheval plaisoit davantage que les melodieux accords de la fluste d'Ismenias. Mais je sçais aussi que ceux qui font cette objection, & alleguent de tels exemples se trompent indubitablement dans la signification des mots, en prenant pour indifference & pour aversion une determination differente, ou un simple changement d'objet. Car encore qu'il se rencontre des personnes, à qui certains sons & certains accords ne plaisent pas, quelques doux qu'ils parroissent à la plus grande, &

même à la plus saine partie des hommes, il n'est pas vray neanmoins qu'ils haïssent toutes sortes de sons & d'accords en general ; puis que l'on convient qu'ils aiment le bruit de tymbales & des tambours. Et si l'on dit que ce son n'est pas fort agreable, non plus que le hennissement d'un cheval ; & qu'on auroit grand tort de leur donner le nom de musique, je réponds qu'à la verité le son de ces instrumens de guerre n'est pas fort melodieux pour une personne dont les oreilles sont delicates, & qui est sensible aux beautez de la musique : Mais encore que generalement parlant on ne puisse le mettre au nombre des chants delicieux, il est vray de dire neanmoins qu'estant agreable à quelques uns, c'eſt toûjours pour eux une harmonie qui a ſes regles & ſes beautez comme les autres. Et cela ſuffit pour en pouvoir raiſonnablement inferer que ces perſonnes ne ſont pas moins que les autres touchez de l'harmonie : Mais parce que leur temperament eſt fort different de celuy des autres hommes, il leur faut auſſi pour les toucher des ſons particuliers qui ſoient proportionnez à leur humeur.

Cela eſt ſi vray qu'on ne peut que par ce ſeul moyen rendre raiſon de la diverſité des manieres dont on traitte la muſique parmy toutes les nations du monde. Car il eſt conſtant qu'il n'y en a point qui n'ait une muſique particuliere, fort differente de celle des autres. Et de fait ſans parler de la muſique des anciens, qui ne reſſembloit nullement à la nôtre, ſi nous en croyons les Auteurs; ny de celle des nations les plus ſauvages, qui ne conſiſte que dans des hurlemens; & qui ſelon le rapport de quelques voyageurs, eſt compoſée d'autres intervalles que les nôtres, nous voyons que chaque peuple de l'Europe en a une particuliere qui s'accommode à ſon temperament: Et neanmoins quelque difference qu'il y ait ſur ce ſujet entre toutes les Nations, cela n'empêche pas qu'il ne ſoit vray de dire que toutes ſont également touchées de l'harmonie; mais que les unes la prennent d'une façon & les autres de l'autre.

Les Italiens par exemple ont une

une especе de musique, où il y a beaucoup de chromatique, & où ils pratiquent admirablement bien les dissonances, & les differens mouvemens ; ce qui convient à l'humeur de la nation Italiene, qui estant d'un temperament dont les ressorts sont fort delicats, & les humeurs tres-subtiles, conçoivent aisement toutes sortes de passions, & les expriment de même.

Les Polonois au contraire aiment une musique masle & vigoureuse, comme estoit celle des anciens Phrygiens, composée presque toute de tons entiers, ainsi qu'il arrive dans le genre diatonique. Et c'est de quoy il ne faut pas s'étonner ; puisque ceux de cette nation sont d'une complexion robuſte & martiale qui les rend incapables d'eſtre touchez que par des tons qui ayent beaucoup de force pour ébranler leurs organes.

Nous voyons auſſi qu'encore que les Eſpagnols habitent un païs extrêmement chaud ; auſſi bien que les Italiens, neanmoins parce que l'Eſpagne eſt plus brûlée que l'Italie ; & qu'en conſequence de cela ſes habitans ſont ſujets à de plus grandes diſſipations d'eſprit, & à des ardeurs extraordinaires d'entrailles, qui conſumant la partie la plus douce des humeurs, les brûlent entierement, & les rendent comme de la poix & du bitume, cela fait que leurs humeurs devenant plus peſantes & plus graves que celle des Italiens, qui ſont plus ſanguins, elle ſe plaît auſſi a une muſique plus lente & plus traînante ; ce qui a fait dire à quelques-uns qu'ils piailloïent plûtoſt qu'ils ne chantoient.

La même raiſon fait que parce que les François ſont quaſi placez au milieu de la Zone temperée, c'eſt à dire entre les nations meridionales & les ſeptemtrionales de l'Europe ; & qu'à cauſe de cela ils participent de l'humeur des uns & des autres, ils ont auſſi une muſique mêlée qui a beaucoup de douceur comme celle des Italiens, & ne manque pas de force non plus que celle des Polonois ; de ſorte qu'on peut dire que leur muſique répond à celle des anciens Doriens, qui eſtoit compoſée du genre diatonique & du chromatique.

Je ne parle point des differentes eſpeces d'harmonie qui ſe rencontrent dans toutes les autres nations du monde. Il ſuffit de dire que chacune à la ſienne proportionée à ſon temperament & à ſon inclination. Les Turcs par exemple en ont une dont les tons & les accords ſont violens, parce que leurs paſſions ſont de cette nature; & j'ay appris de l'illuſtre Monſieur Bernier qu'il y a parmy les Indiens une nation, dont la muſique à ce qu'on croit à du rapport à celle des Anciens, & n'eſt pas deſagreable. Neanmoins cette diverſité qui ſe trouve entre toutes les nations n'empêche pas qu'elles n'ayent cela de commun d'aimer l'harmonie. Et ce qui ſe dit de chaque nation en general ſe doit dire aussi de tous les particuliers de chaque nation. Car si parmy ceux d'un même païs on remarque differens goûts sur le sujet de la musique ; & si quelques-uns par exemple étant d'un naturel farouche & severe aiment les tons tendres & violens ; & par consequent ne se plaisent pas à la douce melodie d'un Lut ou d'une Viole, qui plaît à tous les autres, ce n'est pas à dire pour cela qu'ils haïssent la musique ; Mais il faut dire qu'ils haïssent une musique douce, & qu'ils en aiment une dure dont les tons violens s'accommodent à la grossiereté de leur humeur.

Vous jugez bien, Mademoiselle, que ce discours me conduit insensiblement à l'explication de la seconde de mes deux propositions, où l'on demande pourquoy la musique ayant ses regles certaines & determinées comme les autres Arts, on la traitte neanmoins si differemment qu'il y a sur son sujet quasi autant d'opinions que de têtes. Il est vray que chacun en juge, & la pratique selon son genie. Il faut avoüer neanmoins que cet Art à des regles generales dont tout le monde convient, mais qu'on applique diversement selon les lieux & les complexions.

Cette verité se prouvera mieux par un exemple que par toutes les raisons qu'on en pourroit alleguer. Quand la deffunte Princesse Marie de Gonzague Reyne de Pologne fit son entrée dans Cracovie, le Roy son Epoux luy donna entre-autres divertissemens celuy d'une musique Polonoise, où l'on n'avoit rien obmis pour plaire à la Princesse. Et neanmoins cette musique luy déplut tellement qu'elle pria le Roy de la faire cesser, & de souffrir que les Musiciens François, qu'elle avoit amenez, chantassent à leur tour; afin, luy dit-elle, que la Cour Polonoise écoutât qu'elque chose de plus excellent que sa musique ordinaire. On satisfit à la priere de la Reyne. Les Musiciens Polonois se teurent, & les François chanterent. Mais si la musique Polonoise n'avoit pas plû à la Princesse ny aux François, celle des François ne déplut pas moins aux Polonois. Et cependant quand les uns & les autres se furent entretenus des raisons de leur composition & de leurs methodes, ils avoüerent tous qu'ils avoient raison de part & d'autre ; & que chacune des deux musiques estoit parfaite en son genre ; mais que l'une n'estoit bonne qu'en Pologue, & l'autre qu'en France.

Il est aisé de voir par cét exemple que la musique à ses regles constantes ; mais que la difference des temperamens & des humeurs est cause qu'on les pratique diversement.

Cependant il semble que cette cause ne suffise pas entierement pour rendre raison de cette grande diversité de goûts qui se rencontre dans la musique. Car quand par exemple on recherche pourquoy quelques-uns se plaisent à une musique où les dissonances sont beaucoup pratiquées, & que d'autres ne s'y plaiſent pas; pourquoy les uns aiment les accords tendres & languiſſans, & que les autres aiment le contraire, il ſemble, dis-je, que la ſeule diverſité des complexions ſoit quelque choſe de trop general & de trop vague pour expliquer ces inclinations particulieres & differentes qui font ſi diverſement traitter l'Art de muſique.

Ainſi je croy que pour en connoître parfaitement la cauſe il faudroit ſçavoir de quelle maniere l'air eſt agité par tous les ſons; comment les ſons differens ébranlent diverſement les eſprits de chaque particulier; de quelle nature ſont les eſprits que cet air émeu de la ſorte agite particulierement, avec la façon dont ces eſprits émeus excitent l'idée du ſon dans l'ame. Mais parce qu'il n'eſt pas poſſible de connoître le détail de ces choſes, à cauſe de la trop grande ſubtilité des matieres qui échappent à la veüe, & paſſent l'imagination, nous nous contentons, pour expliquer la difference des gouſts dans la muſique de dire qu'elle vient de la diverſité des complexions.

A la verité il ſeroit à ſouhaitter qu'on eût une exacte connoiſſance des choſes que j'ay alleguées ; parce qu'on auroit alors une plus parfaite notion de la muſique, ayant comme expoſé devant les yeux les principes phyſiques qui produiſent en nous le plaiſir de l'harmonie. On verroit en connoissant le rapport des parties de l'air agité, avec la nature de nos esprits, & la determination particuliere du mouvement de ces parties aërienes, ce qui fait qu'un homme se plaît à une musique plûtost qu'à une autre. Je croy même que si l'on avoit cette connoissance, on pourroit non seulement rendre raison des divers gousts que les hommes ont pour la musique, mais aussi mettre cet Art dans sa derniere perfection; premierement parce que l'on connoîtroit les raisons des intervalle de la musique, avec la nature & les vertus des consonances, & des dissonnances; & en second lieu parce qu'on auroit par là le moyen de n'émouvoir nos esprits que par des sons qui leur seroient proportionnez, & par consequent agreables. J'avoüe que cette proposition est bien vague & bien abstraite ; Mais il faut aussi demeurer d'accord que c'est tout ce qu'on en peut dire. Ce qu'il y a de fâcheux c'est que ces belles speculations ne peuvent estre reduites en pratique. Ainsi il se faut contenter en cela de ce qui nous y paroît, pour juger de ce que nous n'y voyons pas. Il est donc certain que nous ne pouvons rendre raison des differentes manieres de juger de la musique que par la seule diversité des temperamens ; & que c'est tout ce qu'on en peut dire.

Je sçay qu'il y a des manieres de traitter cet Art plus parfaites les unes que les autres : Mais c'est ce qui est encore fort difficile à reconnoître. Et même me je ne sçais si cette perfection n'estant que relative, ce n'est point vainement que les uns pretendent l'emporter sur les autres. Il est croyable neanmoins qu'une musique, qui plaît à la plus saine partie des hommes, doit avoir des accords plus justes, & qui répondent mieux à l'estat où seroit nôtre ame dans un corps dont le temperament seroit parfait. Il faut demeurer d'accord que l'homme pourroit estre dans un estat parfait où il ne formeroit que des idées tres-justes de toutes choses. Or comme il est impossible que dans cet estat il ne jugeât sainement de la nature & de la qualité des sons, & qu'il ne connut les justes mesures & les veritables proportions avec lesquelles on en pourroit faire une parfaite harmonie, il s'ensuit de là que plus on approche de cet estat, & mieux on juge de la musique. Et c'est ce qui fait aussi que les plus grands hommes en reconnoissent plus aisement les beautez que les autres ; de quoy nous avons un bel exemple en la personne de nôtre invincible Monarque qui s'y connoit mieux qu'homme du monde.

Ce principe posé il est aisé maintenant de voir pourquoy les esprits sont si diversement partagez dans la maniere de traitter cet Art ; pourquoy les plus habiles mêmes ne s'y accordent pas ; & pourquoy enfin il y a si peu de personnes capables d'en bien juger. J'ay déja dit qu'un hõme qui seroit d'un temperamēt parfait en devroit vray-femblablement bien juger. Ainsi par ce qu'il y a peu de personnes qui approchēt de cet estat, il y en a peu aussi qui puissent bien juger de la musique. Au contraire d'autant qu'il y a un nombre infini de temperamens qui s'en éloignent plus ou moins, & par consequent qui sont plus ou moins imparfaits selon la distance où ils sont du parfait, cela est cause aussi que tout le monde traitte diversement la musique, chacun suivant la nature de son esprit; mais que presque tous la traittent mal, les uns plus les autres moins; & qu'il y en a tres-peu qui en jugent bien.

Je sçais qu'on peut m'objecter que si ce principe estoit veritable il faudroit de necessité que tous les Musiciens fussent les plus vertueux & les plus parfaits du monde ; & neanmoins nous voyons souvent le contraire. J'avoüe que les Musiciens ne sont pas toûjours les plus parfaits. Mais il faut considerer que quand j'ay ainsi parlé de la musique, c'a esté absolument, & non pas par rapport aux idées que les hommes s'en forment ; lesquelles idées sont souvent tres-éloignées du caractere de la veritable musique, telle qu'elle se rencontre dans le genre enharmonique, qui ne nous est inconnu que parce que nous n'avons pas assez d'esprit pour le connoître. Ainsi lors que j'ay dit que pour bien juger de la musique il faudroit estre d'un temperament parfait, je n'ay point entendu parler de nôtre musique commune, qui ayant trop de commerce avec la matiere, & ne formant ses regles que par rapport au corps, aux mouvemens duquel elle s'accommode & se proportionne, afin de luy plaire, est sujette aussi à cause de cela à se rencontrer souvent dans des sujets fort imparfaits, où elle souffre elle-même beaucoup d'imperfections. Mais je parlois de cette musique celeste & spirituelle dont les admirables proportions ne peuvent estre connuës que des intelligences, selon les Pythagoriciens, ou du moins de ces genies sublimes & transcendans qui approchent de fort prés de la nature des substances intellectueles. Et de cette sorte j'ay eu raison de dire que l'homme peut estre dans un estat de perfection ; où il connoîtroit souverainement les regles de l'harmonie ; & d'en inferer que plus ou moins on approche de cet estat, on juge plus ou moins bien de ces regles. J'ay eu aussi raison d'adjoûter, cela estant, qu'il y a tres-peu de personnes qui jugent sainement de la musique ; parce qu'il y en a tres-peu qui ayent assez d'esprit pour l'envisager comme il faut, & en connoître les veritables preceptes.

Et de fait pour descendre du general au particulier, c'est à dire de la speculation à la pratique, combien voit-on de personnes qui approuvent ou qui condamnent mal à propos les ouvrages de musique, parce qu'ils n'ont pas assez d'esprit pour en connoître les defauts ou les beautez. Combien en voit-on qui sont plus touchez d'un jeu qui fait beaucoup de bruit par quantité de passages & de diminutions faites mal à propos que par un jeu bien reglé ; & qui admirant un homme dont les mains font paroître beaucoup de brillant par des vitesses precipitées & embroüillées, où il n'observe ny regle ny mesure dans les mouvemens, méprisent au contraire un autre dont le jeu est propre, delicat, & où la mesure est bien observée. On ne voit autre chose de tous côtez que des Musiciens de cette sorte ; c'est à dire des personnes qui sont d'un tres-méchant goust pour la musique, s'il m'est permis de parler ainsi ; ce qui vray semblablement ne peut venir que de ce que le bon sens estant tres-rare, on ne peut qu'avec peine trouver les veritables moyens de bien traitter ce bel Art.

On me dira peut être que l'effet de la musique n'étant autre chose que l'impression que nôtre ame reçoit de la part de divers sons qui ont du rapport ensemble, il n'y en doit point avoir dont les regles soient asseurées, parce qu'il y en doit avoir autant qu'il y a de differences parmy ces impressions; d'où l'on infere que les beautez & les defauts d'une piece ne se doivent prendre que du goust de celuy qui l'écoute. J'avoüe qu'on ne doit point disputer des goûts; & que chacun peut prendre sa satisfaction où il luy plaît, & même qu'il ne peut faire autrement. Mais de croire pour cela que la musique n'ait pas ses regles asseurées, suivant lesquelles on compose des pieces, & les plus habiles en peuvent juger sainement, c'est ce qui est absurde, & ne peut entrer dans un esprit tant soit peu raisonnable. Car encore qu'il y ait une si grande diversité parmy les jugemens des hommes dans l'Art de musique, & que même les Maîtres ne s'y accordent pas, il est vray de dire neanmoins qu'il y a dans cet Art des preceptes qu'il faut observer si l'on veut y reüssir, & des marques par lesquelles on peut reconnoître ceux qui reüssissent.

En effet tout le monde demeure d'accord qu'afin qu'une piece soit belle il faut que le chant en ſoit beau, bien tourné & bien naturel : qu'il y ait de petits endroits touchans & paſſionnez, avec des cheuttes agreables : qu'il y ait quelque choſe qui ſurprenne, & qui ne ſoit point commun : que ſon chant ne ſoit pas repeté, c'eſt à dire qu'on n'ait pas ſouvent entendu les mêmes traitez dans d'autres pieces : qu'il ne ſoit ny trop recherché ny trop remply de cadences : qu'il ſoit bien lié, & ne reſſemble pas aux ouvrages de pieces rapportées : qu'il y ait de la diverſité : qu'il ſoit d'un beau mouvement, & marque bien : qu'il ne faſſe point de contretemps, & n'ait rien qui gehenne la meſure : que la piece ſoit remplie de beaux accords, ornée & enrichie d'agrémens touchans, & de beaux ports de voix : que le tout y soit bien adapté ; & que la basse avec les autres parties y fasse de belles imitations ou redites les unes apres les autres. Enfin que la piece soit bien animée, & contienne de beaux mouvemens, qui ne soient ny trop lens ny trop vîtes.

Voila autant de marques par le moyen desquelles on peut reconnoître si une piece est bonne ou mauvaise. Mais la difficulté est d'avoir une parfaite connoissance de toutes ces regles ; & c'est ce qui est donné à peu de personnes. Cependant elles ne laissent pas d'estre comme des choses qui ont leur fondement dans la raison, ou pour mieux dire dans l'ordre même du monde, dont ces regles font une figure. Je sçais bien qu'on dit qu'encore que l'on ne doive point en cela avoir d'égard aux differens gousts du vulguaire qui n'ayant aucune connoissance des regles de la musique en juge comme les aveugles font des couleurs, il y a neanmoins entre les Maîtres mêmes de l'art tant de differences & pour la composition & pour le style qu'on ne sçait lequel croire, & qu'ainsi il semble que la musique soit quelque chose d'incertain, dont les regles dépendent de la seule fantaisie. Cette objection ne prouve autre chose sinon qu'il y a des Maîtres plus habiles les uns que les autres, & même si l'on veut qu'il y en a d'ignorans. Il faut considerer que comme il ne se trouve point de parfait Orateur ny de parfait Capitaine, & que ce

ne

ne ſont que des choſes qu'en idée, il ne ſe trouve point non plus de parfait Muſicien. Mais il y en a, comme nous avons dit, qui s'éloignent moins de cette perfection les uns que les autres. Il faut auſſi remarquer que parmy ceux qui s'en éloignent, les uns plus, les autres moins, il y en a tres-peu qui en approchent. Et ce ſont ces genies excellens dont les ouvrages font l'admiration de tout le monde. Ce ſont ceux là ſans doute dont le ſentiment doit eſtre ſuivy plûtoſt que celuy des autres ; parce qu'ils connoiſſent mieux les beautez de l'art, & en ſuivent mieux les regles.

Chaque inſtrument a eu, & a encore aujourd'huy des Maîtres de cette nature. On a vû pour le Lut les deux Gautiers, Hemon, Blancrocher, Du But le pere, Porion; & on y voit maintenant Mr Du But le fils, Mr Mouton, Mr de Solera, Mr Gallot, & quelques autres encore dont je ne me souviens pas; mais dont le nombre n'est pas grand. Le Clavessin a eu pour illustres Chambonniere, les Couperins, Hardelle, Richard, la Barre; & il a presentement Messieurs d'Englegbert, Gautier, Buret, le Begue, Couperin, & quelques autres qui ne sont pas presens à ma memoire. Feu Hotteman a excellé dans la Viole, ou Messieurs de Ste Colombe, Desmarests, & du Buisson excellent maintenant. On voit Messieurs le Moine, Pinel, de Visé, Hurel, & quelques autres encore pour le teurbe, la

Guittare à francisque corbette, Mr de Valroy, & Mr Visé, & ainsi des autres instrumens où quelques-uns se sont signalez par dessus les autres, tant par leurs belles façons de joüer que par leurs doctes ouvrages. Je ne parle point de ces excellens compositeurs dont les pieces sont les delices de tout le monde dans les grands chœurs de musique, comme un Mr Lulli ; un Mr Du Mont, un Mr Robert, & fort peu d'autres encore. L'orgue eut d'abort Mr Du Mont, Mr Monard, avec quelques autres ; en suite desquels Richard parut, & dont le jeu plût extraordinairement. Mais il ne fut pas seul à joüir de cette gloire. Car dés ce temps là même on vit aussi Mr le Begue, qui la partagea avec luy.

Et parce que ce n'est pas à moy à decider du prix entre ces deux grands personnages, je me contenteray de dire que l'un & l'autre ont esté justement admirez de tout le monde, & que leur merite s'est avec raison épandu par toute l'Europe. On peut dire pareillement que le premier des Couperins a aussi excellé dans son genre : & qu'il a esté suivy par l'autre Couperin deffunt, par Mr Tomelin qui fait beaucoup de bruit, par feu Michel, & par quelques autres encore que je passe sous silence, pour n'estre pas si long dans chaque dénombrement. Chacun sçait pareillement que Mr Lambert a excellé & excelle encore dans la composition des airs. Mais on sçait aussi que Mr le Camus, & Mr Boisset n'ont pas moins excellé dans leurs manieres ; & qu'ils sont suivis de prés par Mr Dambruy, par Mr Bacilli, & par quelques autres encore dont les noms ne sont pas presens à ma memoire.

Il y en a sans doute qu'on peut encore mettre au rang de ces hommes celebres : Mais il y en a peu ; & même on peut dire que parmy ceux-là mêmes qui passent pour les plus celebres, il y en a de plus habiles les uns que les autres : Mais c'est ce qu'il n'est pas possible de decider; parce qu'il faudroit estre plus sçavant qu'eux pour le reconnoître. Il est certain que quelques-uns d'eux ont eu une approbation universelle, qui semble les mettre dans une juste possession de la couronne; comme un Gautier pour le Lut, un Chambõniere pour le Claveſſin, un Lambert pour le chant, un Franciſque Corbette pour la Guittare, & ainſi du reſte. Mais parce que la difference des eſprits & des organes fait naître dans les hommes divers ſentimens pour toutes choſes; & que l'ignorance ou l'on eſt des veritables regles de la perfection dans chaque Art ne permet pas ſouvent de reconnoître qui ſont ceux qui font le mieux, cela eſt cauſe auſſi que ces grands hommes ont ſouvent des concurrens qui leur diſputent le prix par des manieres de joüer, de chanter, & de compoſer differentes, qui ont leurs partiſans, & quelquefois leurs beautez auſſi bien que les autres.

Et il en eſt en cela de la muſique comme de l'eloquence, où nous voyons trois ſtyles, qui quoy que differens, ne laiſſent pas neanmoins d'avoir des ſectateurs tres-habiles. Le premier eſt le ſtyle aſiatique, fleury, diffus, & étendu, auquel on ne peut rien adjoûter ſans l'enfler, tel qu'eſtoit celuy de Ciceron. Le ſecond eſt le ſtyle attique, concis, & ſerré, dont on ne peut rien retrancher ſans le corrompre, comme eſtoit celuy de Demoſthene. Et le troiſieme eſt le ſtyle Rhodien qui tient un milieu entre ces deux là, c'eſt à dire, qui eſt composé de l'un & de l'autre. De même il peut y avoir divers ſtyles, ou pour mieux dire differentes methodes de joüer, de chanter, & de compoſer parmy les

Musiciens, qui toutes ont leurs regles & leurs approbateurs. Et c'est ce que nous ne pouvons mieux confirmer que par l'exemple du Claveſſin ; parce que c'eſt l'inſtrument de tous le plus parfait. Il eſt certain qu'il y a diverſes manieres d'en joüer, qui ſe reduiſent à deux principales, dont les autres participent plus ou moins : Et comme chaque Maître affecte quelqu'une de ces manieres, cela fait que chacun de leurs écoliers prevenu de la maniere de joüer de ſon Maître, blâme celle des autres tres-ſouvent ſans raiſon, faute de s'y connoître.

La premiere eſt cette belle & agreable maniere dont feu Chambonniere ſe ſervoit. Tout le monde ſçait que cet illuſtre perſonnage a excellé par dessus les autres, tant à cause des pieces qu'il a composées, que parce qu'il *a esté la source de la belle maniere du toucher, où il faisoit paroître un jeu brillant & un jeu coulant si bien conduit & si bien ménagé l'un avec l'autre qu'il estoit impossible de mieux faire. On sçait qu'outre la science & la netteté, il avoit une delicatesse de main que les autres n'avoient pas; de sorte que s'il faisoit un accord, qu'un autre en même temps eût imité en faisant la même chose, on y trouvoit neanmoins une grande difference; & la raison en est, comme j'ay dit, qu'il avoit une adresse & une maniere d'appliquer les doigts sur les touches qui estoit inconnuë aux autres. On sçait aussi qu'il employoit toûjours dans ses pieces des chants naturels, tendres, & bien tournez, qu'on ne remarquoit point dans celles des autres; & que toutes les fois qu'il joüoit une piece il y méloit de nouvelles beautés par des ports de voix, des passages, & des agrémens differens, avec des doubles cadences. Enfin il les diversifioit tellement par toutes ces beautez differentes qu'il y faisoit toûjours trouver de nouvelles graces. Et c'est ce qui a fait que chacun se l'est proposé à imiter comme un parfait modele: Mais tout ceux qui l'ont voulu faire n'y ont pas égalemem reüssi, les uns s'en estant plus éloignez, les autres moins, chacun suivant l'idée qu'il en a conceüe, & la maniere dont il s'y est pris. Et de fait les uns l'ont imité parce qu'en effet ils ont été ses disciples, & qu'ayant pris des leçons de luy il leur a esté plus aisé par ce moyen de s'imprimer son caractere. Les autres ne l'ont fait que sur la simple idée qu'ils ont retenuë de sa maniere de joüer, pour l'avoir entendu seulement ; & d'autres sur la seule imagination qu'ils se sont formée de son jeu, pour en avoit oüy faire le recit.

Nous pouvons dire neanmoins que feu Hardelle a esté celuy de tout ses disciples qui là le plus parfaittement imité ; ce qui même est allé si avant que quelques-uns n'ont pas fait difficulté de l'égaler à son maître. Nous en avons encore deux qui ont herité de cette methode : Je veux dire qui ayant esté écholiers de Chambonniere, aussi bien qu'Hardelle, ont entierement retenu le caractere de son jeu. Ce sont Mr Buret, & Mr Gautier. Cependant comme apres la mort de Chambonniere Hardelle passoit avec raison pour le plus parfait imitateur de ce grand homme, dont il possedoit tout à fait le genie, cela obligea Mr Gautier de s'associer avec luy, pour se confirmer, & même se perfectionner dans cette maniere de joüer qu'il preferoit à toutes les autres, parce qu'elle est la plus parfaite. Ainsi il lia avec luy une tres-estroite amitié, dont le fruit a esté qu'apres avoir demeuré ensemble pendant plusieurs années, pendant lesquelles Hardelle là toûjours produit comme celuy qui luy devoit

devoit ſucceder & ſoûtenir ſa reputation apres ſa mort, il luy a enfin par la conſideration de l'eſtime & de l'amitié qu'il avoit pour luy laiſſé par teſtament toutes ſes pieces, qui ont fait ſi long-temps les delices de la Cour, & particulierement du Roy, qui, comme nous avons dit, eſtant l'homme du monde qui ſe connoît le mieux à la muſique, ainſi qu'à toute autre choſe, prenoit un plaiſir ſingulier à les entendre toutes les ſemaines joüées par Hardelles luy même de concert avec le Lut de feu Porion. Je ſçais auſſi qu'outre ces pieces il luy a generalement laiſſé comme à ſon ſucceſſeur toutes celles que Chambonniere a faites, & dont la plus part, ſur tout les dernieres, ont eſté copiées ſous les doits de Chambonniere, c'est à dire lors qu'il les joüoit; de sorte que Hardelles en étoit le seul possesseur

L'autre methode est celle du premier mort des Couperins, qui a excellé par la compositiõ, c'est à dire par ses doctes recherches. Et cette maniere de joüer a esté estimée par les personnes sçavantes, à cause qu'elle est pleine d'accords, & enrichie de belles dissonnances, de dessein, & d'imitation.

L'on peut dire encore qu'il y en a plusieurs autres, qui ont dans leurs manieres de joüer quelque chose de particulier & de beau. Mais parce que je n'en ay pas connoissance, & que même je serois trop long à les d'écrire, je les passe sous silence. Il suffit de dire que ces autres manieres de joüer differentes participent plus ou moins des deux premieres, qui sont comme les deux sources d'où les autres derivent.

Cependant si on vient à examiner ces methodes ou manieres differentes de joüer, on trouvera que ceux qui possedent le brillant sont sujets à plusieurs defauts, s'ils n'approchent de prés de ces excellens Maîtres que nous avons loüez, tant pour leur science, que pour l'art de bien ménager leur jeu. A la verité cette methode à quelque chose de tres-beau, quand elle est dans sa perfection : Mais cela est tres-rare. Et la raison en est qu'ordinairement les grands brillans sont emportez & trop elevez ; de sorte que pour reüssir dans ce jeu il faut estre tres-sçavant dans la musique, y joüer de teste, & se posseder parfaittement; ce qui est tres-difficile, pour ne pas dire impossible. Aussi voit-on peu de personnes qui y reüssissent; parce qu'il y en a peu qui ayent assez de science pour cela. Et c'est aussi ce qui fait que la plus part de ceux qui ont ce grand brillant & cette prompte execution ont tant d'admirateurs; parce qu'il y a peu de gens capables d'en reconnoître les defauts, qui ne sont pas en petit nombre.

Car quand on les examine de bien prés on trouve que leurs cadences sont souvent tres-pressées, & par consequent tres-rudes, estant produites par un trop grand feu: qu'elles sont battuës inégalement, &

mal soûtenuës ; ce qui les prive de l'agrement le plus beau qu'il y ait dans le jeu ; puis qu'il n'y a rien qui l'embellisse plus, ny qui le fasse paroître d'avantage que de battre également & de bien soûtenir : qu'ils ont un mouvement pressé ou alteré, qui fait que leur mesure n'est pas juste, parce qu'il la rend inégale, & ne tient point les temps qui sont necessaires dans la derniere justesse : que leur jeu est souvent embroüillé, & passe par dessus quantité de touches, qu'on n'entend qu'à demy, quelquefois point du tout ; à cause qu'ils les passent trop viste ; ou qu'ils n'appuyent pas assez fort pour les faire entendre, ou qu'ils frappent les touches au lieu de les couler. Enfin on n'observe dans leur jeu qu'une perpetuele cadence, qui empêche qu'on n'entende distinctement le chant de la piece : Et ils y font continuelement des passages, particulierement d'une touche à son octave ; ce que Chambonniere, appelloit avec raison chaudronnier. Voila les défauts où sont ordinairement sujets ceux qui suivent cette maniere brillante de joüer, pour éblouir le monde, à qui l'ignorance ne permet pas de les reconnoître. Il y a tres-peu de Maîtres qui ne tombent dans ces défauts, lors qu'ils s'attachent trop à cette methode : C'est pourquoy ceux qui ont de l'esprit s'y ménagent prudemment, pour ne pas choquer les regles de l'art qu'il est tres-difficile d'accorder avec ce grand brillant. Nous voyons aussi que les plus experts Musiciens suivans un milieu en cela, comme il faut faire en toutes choses, ne se servent de cette legereté de main & promptitude d'execution qu'avec une grande moderation, de crainte, comme j'ay dit, de broüiller & de confondre ce qui doit estre net & distinct.

Mais si le jeu brillant a ses defauts, le jeu coulant a aussi les siens, qui sont aisez à remarquer dans ceux à qui l'affectation fait couler leur jeu avec beaucoup de gehenne. Car ils font de si grandes contorsions de mains & de doigts ; ils les élevent les uns sur les autres avec tant d'excez, en les serrant extraordinairement, que cela dégoute & fait pitié. Ainsi tout ce qu'on en peut dire est qu'en effet leur jeu est si fort coulé qu'il ressemble plûtost à un jeu de viele, où à force de couler le jeu n'a point de mouvement, qu'à un veritable jeu de Clavessin. Il arrive neanmoins assez souvent que ceux qui ne s'y connoissent pas, ne manquent jamais de loüer ce défaut comme quelque chose d'excellent. Mais ceux qui sont habiles le reconnoissent aisement, & se moquent également de l'ignorance de celuy qui joüe, & de celle de celuy qui l'admire.

Il faut remarquer icy en passant que pour bien apprendre les pieces de chaque Maître, on doit les apprendre des Maîtres mêmes qui les ont composées, ou de leurs plus habiles écholiers. Car encore que les autres Maîtres les puissent bien enſeigner, il eſt certain neanmoins que ceux la mêmes qui ont fait les pieces les doivent mieux montrer que pas un autre; parce que vray ſemblablement ils connoiſſent mieux que perſonne les regles & les beautez de leurs ouvrages, d'où il s'enſuit que parce que leurs diſciples ont pris auſſi le même genie & le même caractere de ces auteurs, & ſe ſont fait une étude particuliere de leur jeu, ils doivent mieux auſſi que pas un autre poſſeder leurs pieces; & par conſequent ils peuvent les mieux enſeigner. Ainſi par exemple un diſciple de Chambonniere doit mieux enſeigner ſes pieces qu'un autre. Mais cela eſt ſi clair que c'eſt perdre le temps que de vouloir le prouver davantage.

Il s'ensuit donc evidemment de tout ce que nous avons dit qu'encore qu'il y ait parmy les Maîtres differentes manieres de joüer, il est vray neanmoins de dire que quelques-unes de ces manieres sont plus exellentes que les autres; & même qu'il y en a une qui doit l'emporter par dessus toutes, parce qu'elle est plus naturele, plus delicate, plus propre, & par consequent plus agreable; & telle est celle de Chambonniere. Ainsi cette diversité qui se rencontre parmi les Maîtres mêmes ne prouve point que la musique soit incertaine. Au contraire elle en fait voir la certitude. Car comme nous avons dit, puis qu'elle ne fait voir autre chose sinon qu'il y a des Maîtres plus habiles les uns que les autres, ce que le vulguaire ignorant n'eſt pas capable de diſcerner, il en faut neceſſairement inferer que cet Art exiſte, & qu'il a ſes regles ; mais qu'à la verité elles ſont connuës de peu de perſonnes.

Cependant ce que j'ay dit du Claveſſin ſe peut appliquer aux autres inſtrumens. Car encore qu'il y ait ſur le Lut differens jeux qui plaiſent, il faut neanmoins que l'un de ces jeux ſoit plus juſte & plus parfait que les autres. Mais parce qu'il y a tres peu de perſonnes capables de connoître les regles de cette perfection, cela eſt cauſe non ſeulement que les plus habiles Maîtres ſont quelquefois blâmez par les ignorans ; Mais auſſi que quelque Maître que ce ſoit, fût-il le plus ignorant du monde, peut avoir des sectateurs; parce que tout le monde ne juge du merite & de la capacité des Musiciens que suivant son goust, & non pas selon la veritable connoissance des preceptes. C'est aussi d'où vient que chacun se fait une musique à sa mode, & prefere son Musicien à tous les autres, tres-souvent sans en pouvoir dire la raison.

Ce n'est pas, comme nous avons fait voir, que la musique n'ait diverses beautez; & que ces differentes beautez ne puissent estre separement pratiquées par plusieurs Maîtres: C'est pourquoy les uns & les autres peuvent plaire par diverses manieres de joüer & de chanter, sans choquer pour cela les regles de l'art. Comme il

y

y a divers styles dans l'Eloquence qu'on peut prattiquer, sans cesser d'estre Orateur, ainsi que nous avons déja dit, je crois aussi qu'il y a dans la musique differentes methodes, dont on peut se servir sans la choquer. Et c'est dequoy nous avons un bel exemple dans les personnes de Chambonniere & de Couperin, dont nous avons parlé, & que nous avons proposez comme deux chefs de secte. Car encore que tout deux ayent eu cela de commun que d'exceller dans leur Art, & d'en avoir peut-être mieux que pas un autre connu les regles, il est certain neanmoins qu'ils avoient deux jeux dont les differens caracteres ont donné lieu de dire que l'un touchoit le cœur, & l'autre touchoit l'oreille ; c'est à dire en un mot qu'ils plaisoient, mais qu'ils plaisoient diversement, à cause des differentes beautez de leurs manieres de joüer.

Vous voyez bien, Mademoiselle, par les exemples de ces deux grands hommes qu'on peut plaire, & même exceller dans la musique par des manieres differentes de joüer & de composer; Je sçais bien qu'il semble necessairement que l'un de ces jeux doive l'emporter sur l'autre, si l'on y a esgard au beau genie. Mais c'est ce qu'il est difficile de reconnoître; & il faut pour cela non seulement sçavoir l'art à fond, mais aussi avoir l'oreille tres-fine, & l'esprit fort penetrant, tel que vous l'avez. De vous dire d'où la difference de ces caracteres tiroit sa source dans ces grands hommes, c'est ce qui n'est pas aisé non plus, si l'on ne se veut contenter de la cause generale que nous avons apportée des diverses manieres dont les hommes traittent la musique; c'est à dire si l'on n'a recours pour cela à la differente nature de leurs esprits, & à la diversité de leurs organes, qui faisant diversement considerer à ces deux grands hommes les intervalles, les accords, & les beautez de la musique, par des impressions differentes qu'ils en recevoient, faisoient aussi qu'ils les employoient fort diversement dans la composition de leurs ouvrages. Et c'est d'où vient la diversité des methodes & des styles. Mais nous avons deja fait voir que cette raison est trop generale, & qu'elle ne satisfait pas assez.

Il est vray que c'est tout ce que j'en puis dire ; de sorte que si l'on en veut sçavoir davantage, il faut y consulter ces genies relevez, dont la vigueur penetre les matieres les plus difficiles ; ou pour mieux dire il ne faut, Mademoiselle, que vous y consulter vous même ; puisque vôtre esprit, que tout le monde sçait estre du nombre de ces genies, est si penetrant & si étendu qu'il n'y a point de science ny d'art dont il n'ait découvert, ou dont il ne puisse, quand il voudra découvrir les veritez les plus cachées. Et c'est ce que vous avez bien fait voir dans la musique même ; puisque vous y avez en tres-peu de temps acquis l'art de toucher le Clavessin avec tant de perfection que les plus habiles mêmes n'osent pas vous en disputer le prix ; & ainsi l'on peut dire que comme la nature vous a donné tout ce qu'il faut pour charmer les yeux, vous avez voulu vous acquerir vous même par l'art tout ce qui est necessaire pour charmer les oreilles. Mais ce sont là les moindres de tous les talens que la nature & l'education vous ont si liberalement donnez ; celle-là en vous faisant d'une parfaite constitution, & celle-cy en vous inspirant ces nobles sentimens qui vous ont toûjours portée à vous perfectionner en toutes choses.

Cependant, Mademoiselle, ne vous imaginez pas que j'entreprenne icy de faire vôtre panegyrique, & de d'écrire toutes vos perfections l'une apres l'autre. A la verité je voudrois pouvoir le faire dignement; autant pour me donner la satisfaction qu'on reçoit ordinairement à representer ce qui est parfait que pour rendre justice à vôtre merite, qu'on ne sçauroit trop loüer : Mais parce que je n'ay point assez d'eloquence pour cela, je me contenteray de ce que mon sujet m'a obligé d'en dire par occasion ; & de vous protester que j'ay esté ravi que cette occasion se soit offerte pour vous témoigner qu'on ne peut estre avec plus de respect que je suis,

MADEMOISELLE,

Vostre tres-humble & tres-obeïssant serviteur,

LE GALLOIS.

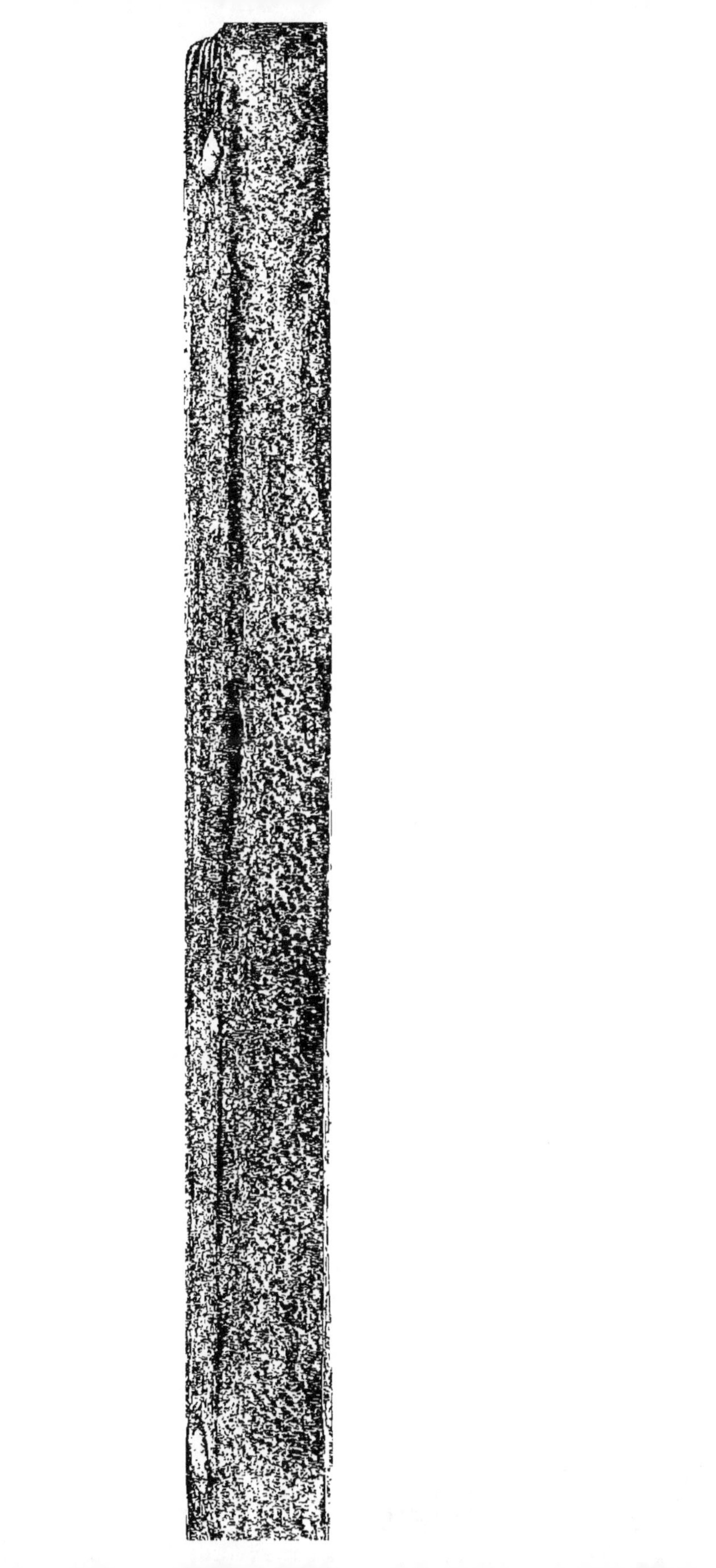

www.ingramcontent.com/pod-product-compliance
Lightning Source LLC
LaVergne TN
LVHW020410230826
846091LV00004B/1229

* 9 7 8 2 0 1 1 9 1 1 7 5 9 *